A Essência

O Sentido das coisas

Vilma Leal

MUSA EDITORA

AUTORA
Vilma Lúcia Leal Fagundes Neves

REVISÃO
Equipe Musa

PROJETO GRÁFICO E DIAGRAMAÇÃO
Zellig | www.zellig.com.br

Dados Internacionais de Catalogação na Publicação (CIP)
Bibliotecária Juliana Farias Motta CRB7 – 5880

L435e Leal, Vilma (Vilma Lúcia Leal Fagundes Neves)
A essência, o sentido das coisas: é possível viver em um mundo tão desigual? / Vilma Lúcia Leal Fagundes Neves.
São Paulo : Musa, 2017.

80p. ilustrado, fotos : 16 X 23 cm
(Inclui anexos)

ISBN: 978-85-7871-026-2

1. Pobreza.2. Saúde.3. Sociologia.4. Brasil – Condições sociais.5. Brasil – Política social. I. Título. II. Título: o sentido das coisas : é possível viver em um mundo tão desigual?

CDD 361.3010981

Índice para catálogo sistemático: 1. Pobreza 2. Saúde 3. Sociologia 4. Brasil – Condições sociais 5. Brasil – Política social.

 Impresso no Brasil, 1ª edição, 2017.

MUSA EDITORA

Musa Editora Ltda.
Tel: 11 3862-6435 | 11 99354-3700 | 35 99892-6114
musaeditora@uol.com.br
www.musaambulante.com.br | www.musaeditora.com.br
Facebook.com/MusaEditora | Twitter.com/MusaEditora

A Essência

O Sentido das coisas

Vilma Leal

É possível viver em um mundo tão desigual?

Desejo a você que aproveite a leitura e faça dela reflexão e um único pensamento, ajudando as pessoas a chegar ao seu destino.

Dedico este livro a todos da minha família, em especial ao meu marido Darlan, aos queridos Juliana, Rogério, Ana Carolina, Luca e Isabela. Vocês sempre serão minha fonte de inspiração.

Agradecimento especial às filhas Juliana e Ana Carolina, que, com suas experiências, ideias e críticas, muito estimularam até na hora do desânimo.

À Ana Cândida, muito obrigada pelo constante apoio.

Sumário

Prefácio

Sentido da conduta Social

O termo "Sociologia" está aberto a diferentes interpretações.

No contexto usado aqui, significa a ciência que tem como meta a compreensão interpretativa da ação social de maneira a obter uma explicação de suas causas, de seu curso e dos seus efeitos.[1] Por ação se designará toda a conduta humana, cujos sujeitos vinculam a esta ação um sentido subjetivo. Tal comportamento pode ser mental ou exterior; poderá consistir de ação ou de omissão no agir.

O termo "ação social" será reservado à ação cuja intenção fomentada pelos indivíduos envolvidos se refere à conduta de outros, orientando-se de acordo com ela, pesquisando os fatos sociais e aumentando os conhecimentos que se tem a respeito do ser humano, dentro de suas relações sociais. Este estudo ainda não está acabado, pois a Sociologia é uma ciência que ainda está em formação, tendo prioridade os indivíduos, suas relações sociais, dentro do contexto da sociedade humana.

Este modelo predatório e usurpador, mesmo sendo crescente a capacidade para produzir riqueza, em vez de superar miséria e injustiça, continua a ampliar a distância que separa os privilegiados dos desprovidos.

• • • •

1 WEBER, Max, *Conceitos Básicos de Sociologia*, 5. ed. São Paulo: Centauro, 2008, p.11

1

A desigualdade socioeconômica

1.1. Considerações iniciais

A desigualdade socioeconômica é considerada atualmente um dos fenômenos sociais mais significativos, sendo constatada na maioria dos países. Seu aumento, principalmente a partir da crise financeira que vem abalando o mundo ocidental desde 2008, está provocando significativa disparidade entre aqueles que têm muito e os que não têm nada seja cada vez mais insustentável.

Se analisarmos os dados relativos à saúde pública no Brasil, essa desproporção fica ainda mais patente.[2] É o que o sociólogo Göron Therborn denominou "desigualdade vital", medida por parâmetros que determinam a distância entre aqueles que têm acesso a uma "assistência de ponta" e aqueles que não a têm, o que diminui consideravelmente sua expectativa de vida.[3] A desigualdade, para Therborn, reduz nossa capacidade de atuar como seres humanos, nossa saúde e autoestima, assim como nossos recursos para sociabilizar-nos.

• • • •

2 LUNA FILHO, Bráulio. "Saúde e desigualdade socioeconômica, REVISTA SER MÉDICO, CREMESP, Edição 73 - Outubro/Novembro/Dezembro de 2015.

3 THERBORN, Göran. *La desigualdad mata*, Alianza, 2015.

É um dado alarmante o fato de cerca de 1% da população acumular quase metade da renda mundial, e consequentemente poder viver mais e melhor do que os demais 99%.

Não há como promover a redução da desigualdade social sem investir em saúde e educação. Sem isso, de pouco serve qualquer política pública que o governo tente implementar. Não basta construir escolas ou autorizar a criação de escolas médicas, sem a correspondente estrutura e professores qualificados. O grande desafio que se apresenta quando falamos de diminuir as desigualdades sociais e econômicas é recriar sistemas de saúde e de educação que funcionem como uma via para diminuir a indiscutível disparidade no sistema vigente.

1.2 É factível um mundo tão desigual?

Diversos estudos, como por exemplo o da CEPAL, "Desigualdad, concentración del ingreso e incidencia de la política fiscal"[4] ou o Relatório Anual do Credit Suisse,[5] advertem sobre o aumento da concentração de renda em termos mundiais.

• • • •

4 JIMÉNEZ , Juan Pablo e Martner, Ricardo, "Desigualdad, concentración del ingreso e incidencia de la política fiscal", IV LAC Tax Policy Forum, México DF, 3 y 4 de julio de 2014: https://www.oecd.org/tax/tax-global/Session-6-CEPAL.pdf

5 Credit Suisse, Research Institute, "Global Wealth Repot 2015", em: https://publications.credit-suisse.com/tasks/render/file/?fileID=F2425415-DCA7-80B8-EAD989AF9341D47E

Os dados são alarmantes: segundo o citado Relatório Anual do Credit Suisse, 50% da riqueza do planeta se concentra nas mãos de 1% da população, de modo que os outros 99% só podem ter acesso aos outros 50% e, ainda assim, de forma extremamente desigual. Os resultados apresentados nesse relatório analisaram dados patrimoniais de 4,8 milhões de pessoas, residentes em mais de 200 países.

Para a diretora executiva da Oxfam Brasil (Oxford Committee for Famine Reliefe/Comitê de Oxford para o Alívio da Fome), Kátia Maia, essa desigualdade prejudica a todos, inclusive aos mais ricos, já que muitos dos problemas intrínsecos à nossa sociedade, como, por exemplo, a violência, são na maioria das vezes originados ou agravados pela referida desigualdade social.[6]

A Oxfam é uma Confederação Internacional de Organizações, criada com intuito de promover ajuda humanitária em âmbito mundial, bem como desenvolver projetos que auxiliem a diminuir a desigualdade social. Essa Confederação, ao dia de hoje, atua em mais de 90 países. Para a confecção do seu próprio relatório, "Working for a Few" (trabalhando para poucos)[7], a Oxfam tomou como base o citado relatório da instituição financeira Credit Suisse.

A conclusão mais evidente que se desprende dessa análise é que, em termos humanos, as cifras são impactantes, sobretudo se considerarmos o fato de que as 85 pessoas mais ricas do mundo aumentaram essa riqueza em 668 milhões de dólares diariamente entre março de 2013 e março de 2014.

Esses dados servem para constatar a tamanha injustiça social que está presente na sociedade em escala mundial. Como podemos

• • • •

6 Entrevista com Kátia Maia, diretora da Oxfam Brasil, REVISTA SER MÉDICO, CREMESP, Edição 73 - Outubro/Novembro/Dezembro de 2015

7 Publicado em janeiro de 2014

conviver com o fato de termos cerca de 700 milhões de pessoas em estado de desnutrição, enquanto alguns poucos possuem a metade da riqueza do planeta? Como evitar que isso dê margem para o aumento de outras desigualdades, como as raciais, de classe ou de gênero?

A diretora executiva Kátia Maia destaca que esse aumento da concentração de rendas, de acordo como o Relatório "Equilibre o Jogo", publicado em outubro de 2014 pela Oxfam Internacional, vem sendo provocado por dois fatores principais, que são o "fundamentalismo de mercado" e a captura do poder pelas elites econômicas.

Por "fundamentalismo de mercado" entendemos uma interpretação absolutamente liberal acerca da necesidade de intervenção do Estado para a regulação das atividades econômicas. Nesse sentido, quanto mais o poder público minimize sua intervenção, mais os mercados se organizarão automaticamente, alcançando um desempenho "ótimo" de acordo com a concepção smithiana da "mão invisível do mercado".[8] Não obstante, na atualidade essa ideia tem sido muito criticada. Segundo o ponto de vista do economista francês Thomas Piketty, em *O Capital no Século XXI*, a não-intervenção do Estado em áreas cruciais da atividade econômica provoca a concentração de riqueza nas mãos de uma minoria, o que leva a um aumento ainda maior das desigualdades socioeconômicas.

Em se tratando da captura do poder pelas elites econômicas, a Oxfam se refere ao fato manifesto de que o poder econômico é capaz de comprar facilmente a influência política. Dessa forma, essas elites se perpetuam no poder, enraizando ainda mais as injustiças socias.

E no Brasil não se verifica nada diferente disso. Apesar de ter conseguido alguns resultados positivos com alguns programas de

• • • •

8 SMITH, Adam. *A Riqueza das Nações* (1776).

distribuição de renda e com o aumento real do salário mínimo, esses progressos ainda se demonstram insatisfatórios para melhorar nossa posição em relação a outros países. Ainda não alcançamos uma redistribuição de recursos como seria necessária, já que nossa política fiscal tem se mostrado bastante insuficiente em termos de progressividade, assim como a capacidade do poder público de combater a evasão fiscal e a sonegação. Como afirma a própria Kátia Maia, apesar de termos mecanismos para mensurar a desigualdade através de dados estatísticos específicos, a verdadeira desigualdade se mede sobre a riqueza, que inclui não só a renda como também o patrimônio.

O Brasil ainda possui um sistema tributário excessivamente regressivo, com uma porcentagem muito alta da arrecadação obtida através de impostos indiretos, como os que oneram o consumo, enquanto que os impostos que admitem o critério da progressividade ainda representam uma baixa porcentagem, em comparação com os países desenvolvidos.

Como é evidente, as famílias de renda mais baixa são proporcionalmente mais oneradas, o que perpetua a desigualdade. Aliado a essa circunstância, temos o fato de que nem as classes sociais mais baixas, nem outras minorias raciais ou de gênero, estão suficientemente representadas no nosso Poder Legislativo, o que agrava ainda mais essa desigualdade.

Para a diretora da Oxfam Brasil, as consequências de um país tão desigual afetam a todos, inclusive aos mais ricos. Se analisamos o fator violência, por exemplo, verificamos que as taxas de homicídios quase se quadruplicam naqueles países em que a desigualdade econômica atinge patamares elevados.[9]

• • • •

9 Dados fornecidos pelo UNODC (Escritório das Nações Unidas para Drogas e Crimes)

É indiscutível que altos níveis de desigualdade econômica e social podem representar uma ameaça à própria democracia, já que, se as políticas públicas atenderem apenas aos interesses das elites minoritárias, ocorrerá uma crescente insatisfação naqueles setores que se sentirem excluídos e, como consequência, revoltas sociais.

Uma evolução positiva nesse cenário passaria por uma sociedade mais mobilizada para lograr uma reforma fiscal que permitisse uma redistribuição mais justa de rendas e uma reavaliação das políticas públicas vigentes, assim como a implementação efetiva de políticas de igualdade racial e de gênero.

Muitas organizações sociais trabalham no sentido de buscar soluções para diminuir os impactos da desigualdade no âmbito nacional e internacional. A Oxfam, por exemplo, além de atuar nas situações que demandam ajuda humanitária, trabalha em projetos de longo prazo e também busca influenciar os tomadores de decisão para lograr a diminuição da desigualdade global. São organizações como esta que fazem a diferença na hora de conseguir uma maior mobilização social na luta contra tantas situações desiguais. Isso depende do trabalho conjunto das organizações da sociedade civil, movimentos sociais e outros distintos setores da sociedade. Cada indivíduo, por sua vez, também deve dar sua colaboração, contribuindo cada qual com um pequeno grão de areia para aumentar o bem-estar coletivo e conseguir, assim, um mundo menos desigual.

2

A pobreza

Deveríamos questionar se as pessoas que realmente precisam recebem uma assistência de fato mais eficiente. Talvez há de se pensar que aqueles mais necessitados podem estar em uma situação às vezes pior. Ou perguntarmos quem de fato se beneficiará das novas condições impostas pela nova ordem.

Acredito que essa globalização, de certa forma, vem aumentando a brecha social entre pobres e ricos, fruto de uma manifestação da mesma sobre diversos setores, como economia, política e sociedade. Já vem sendo constatado que as consequências sociais de tal processo e seus efeitos mais dividem que unem. Se nos submergimos no significado do conceito globalizador, fica patente o seu caráter impreciso e pouco comedido, ao relacionar-se com vários temas em âmbito mundial.

Como infelizmente já foi verificado na prática, muitas e muitas vezes, os avanços tecnológicos não têm melhorado a vida das classes mais baixas em toda a extensão do planeta. A marginalização dessas classes de mais baixas rendas contrasta com os grandes benefícios de uma parcela muito pequena da sociedade.

E é essa pequena parcela, uns poucos que detêm quase completamente a maior parte do poder regional e mundial, que se dispõe a brigar por condições mais favoráveis ao "livre comércio". Esse conceito representa um disfarce para esconder a progressiva miséria e o desalento daqueles que não podem reivindicar mudanças.

Cada um dos extremos dessa realidade parece pertencer a mundos distintos. Não costumamos conectar o enriquecimento instantâneo de alguns com o acelerado empobrecimento de outros. Nem deveríamos pressupor a responsabilidade daqueles que vivenciam o empobrecimento.

O problema da pobreza evidentemente não se reduz à questão assistencialista da fome. No fundo, a equação "pobreza = fome" esconde muitos outros aspectos complexos: péssimas condições de vida e moradia, doenças, analfabetismo, violência, destruição familiar, enfraquecimento dos laços sociais, ausência de futuro e de produtividade.[10]

A informação que recebemos dos meios de comunicação muitas vezes não é totalmente imparcial. Somos poupados de muitas imagens ou mesmo realidades em que as péssimas condições conduzem ao sofrimento e à morte. Segundo Bauman, "as riquezas são globais e a miséria é local – mas não há ligação causal entre elas, pelo menos no espetáculo dos alimentados e dos que não se alimentam".[11]

Fato é que o mundo é o mesmo para os ricos e aqueles menos prósperos. E quanto maior o crescimento econômico para uns, maior pode ser a pobreza para outros. Como já ficou constatado, a globalização não deixa de ser uma "extensão totalitária de sua lógica a todos os aspectos da vida".[12]

Como poderíamos encontrar uma cura para a pobreza, se ela nada mais é do que um sintoma daquilo que alguns autores denominam "doença do capitalismo"?

• • • •

10 BAUMAN, Zygmunt, *Globalização e as consequências humanas*, Zahar, p.80-81

11 Idem, p.82

12 Idem, p.82

2.1 A criminalização da pobreza

A associação entre pobreza, violência e criminalidade existe historicamente, pois decorre de uma das primeiras consequências do desenvolvimento do capitalismo nas sociedades ocidentais modernas: a expulsão do campo de milhares de pessoas sem trabalho, que migraram para as cidades. Daí o modo de vida passou a ser associado ao perigo, às epidemias, à promiscuidade, à agressão e à criminalidade.

Na década de 1970, grande parte dos trabalhadores que migraram para São Paulo encontrou emprego na construção civil, em contratos de trabalho miseráveis e temporários. Devido à instabilidade de sua situação, muitos deles transformaram-se em biscateiros, engraxates etc., revelando mais uma vez a presença de zonas perigosas em que os limites entre o trabalho honesto e a criminalidade tendem a se confundir.

As grandes movimentações de migrantes pelo país são causadas principalmente pelo desenvolvimento perverso e desigual de suas diferentes regiões. Várias pesquisas mostram que, mesmo enfrentando condições muito difíceis de sobrevivência nas grandes cidades, os migrantes preferem permanecer nesses grandes centros a voltar para suas regiões de origem, onde sobreviver parece ser ainda mais difícil. E a história se repete até hoje: principalmente em algumas cidades do interior paulista, do sul do país e em outras capitais.

A influência que os meios de comunicação exercem na nossa vida é muito grande. As mensagens que recebemos da mídia modelam nossa imaginação e nossos pensamentos, direcionando nossas ações.

Mas o que é mesmo violência? As sociedades modernas definem violência de maneira semelhante. Todas as formas pelas quais os homens perdem seus direitos e têm sua integridade moral e física ameaçada, seja individualmente por outros homens ou pela sociedade.

Relacionarei alguns fatores da nossa organização econômica, a qual promove uma distribuição de renda injusta e (emudece) a população diante dos efeitos preocupantes da globalização:

1 Relações de trabalho e emprego, numa sociedade que considera o dinheiro e o consumo como paradigmas para a existência.

2 Mau funcionamento da justiça, sua lentidão, a pouca atenção aos crimes mais ofensivos, como o homicídio e o estupro (crimes contra a pessoa), dando muita atenção aos crimes contra a propriedade, assim como seu afastamento do dia a dia das populações.

3 A precária investigação policial dos crimes lesivos à pessoa quando se trata da população de baixa renda.

4 A má qualidade de atendimento na saúde e na educação.

5 A corrupção e o mau exemplo de elites que desrespeitam o patrimônio público e escapam da punição.

6 A influência da mídia, que quando sensacionalista nos mostra que temos a sensação de que é inevitável ou fatal e é uma forma legítima de resolver os conflitos.

7 O crescimento desordenado das cidades, sem a presença dos equipamentos públicos necessários e a garantia dos direitos fundamentais previstos na Constituição.

8 A falta de organização da população, o que reforça a ausência de confiança e quebra de solidariedade.

Esse tipo de comportamento mostra a fragilidade e a vulnerabilidade da população desagregada, sem laços, sem organizações, sem confiança em si como força capaz de melhorar sua vida.

Não confiamos nas instituições, não confiamos nos vizinhos. Estamos sós, então? Este é o contexto do ambiente geral dos crimes que tanto nos perturbam e ofendem.

A violência da criminalidade afeta diretamente nossa vida cotidiana, constrange-nos, pois coloca em questão se o que temos é direito ou privilégio (nosso carro, nossa casa, nosso tênis, são um direito ou privilégio?).

Todos se tornam suspeitos, uns por não terem nada, outros por terem muito. Não sabemos se a justiça é justa.

A polícia nem sempre cumpre seu papel de investigar, atender e proteger. Por fim, as pessoas se mostram muitas vezes passivas, indiferentes, fechadas. Fechadas nas casas e nos apartamentos com muros altos, guaritas e alarmes, fechadas no medo e na desconfiança, fechadas no preconceito. Cansadas? Resignadas? Impotentes? Sozinhas?

Como reconquistar o espaço perdido, o espaço das ruas, o espaço da liberdade, a confiança no futuro, a promessa de uma vida em paz? Esse é o grande desafio que precisa de reflexão, estudo, crítica e rejeição aos comportamentos cotidianos violentos, e uma tentativa de resolver os problemas da violência seria superando o isolamento e fortalecendo a solidariedade.

O elevado número de mortos pela polícia mostra que aqueles que reivindicam a aplicação da pena de morte no Brasil não têm mais com o que se preocupar, apesar de ilegal ela de fato, já existe.

Novamente nos perguntamos qual é o valor da vida humana? Há quem acredite que a vida do criminoso não tem o mesmo valor que a vida das pessoas honestas. O problema é que o criminoso pensa do mesmo modo: se a vida dele não vale nada, por que a vida do dono da carteira deve ter algum valor? Se provavelmente estará morto antes dos 30 anos de idade (como várias pesquisas comprovam), por que se preocupar em não matar o proprietário do automóvel que ele vai roubar?

A violência que envolve crianças e adolescentes é muito importante ressaltar, lembrando que as maiores vítimas de violência nessa faixa etária são as crianças que fugiram de casa e se viram forçadas a viver nas ruas, pois a vida em família representava para elas um perigo ainda maior. São as vítimas da violência doméstica.

Os números sobre a violência doméstica são significativos em todos os cantos do mundo. Em São Paulo, a maior parte das vítimas são as meninas, e os principais agressores, os pais. O IML – Instituto de Medicina Legal revela que a maioria dos estupros denunciados foi cometida pelos próprios pais das vítimas.

Grande número de crianças e adolescentes abandonam suas famílias para morar na rua, porque nelas se sentem menos ameaçados do que dentro de casa, onde são vítimas de agressões constantes. A presença deles, por sua vez, torna a rua assustadora para muitas pessoas.

Mas, também, as vítimas da violência não são somente os meninos de rua. Muitos jovens que têm um lar são obrigados a ajudar no sustento da família, pedindo esmolas, furtando ou mesmo trabalhando, uma vez que o país anda marcado pela imensa desigualdade social.

Enquanto a vida de todas as pessoas não tiver o mesmo valor, não vamos resolver realmente a questão da violência na nossa sociedade.

2.2 A cidade "clandestina" das favelas e dos cortiços

Morar não é um termo muito apropriado para definir a situação de metade da população da cidade de São Paulo. Mais adequado talvez fosse dizer que essa multidão, calculada em mais de quatro milhões de pessoas, esteja alojada em favelas ou cortiços.

Nas quase mil favelas do município, vivem mais de quatrocentas mil pessoas. Os cortiços apresentam ainda uma questão mais séria, pois há três milhões e setecentos mil (aproximadamente) se amontoando nestas precárias habitações coletivas. Há cortiços praticamente escondidos, que não fornecem as necessidades mais elementares do ser humano. Em alguns que foram descobertos, um adulto não poderia ficar de pé, pois a altura dos cômodos era de 1,10 metro.

A situação de higiene e qualidade de vida é precária, principalmente nas regiões da periferia. Não se dispõe de redes de esgotos, esse tipo de serviço é denominado saneamento básico, é essencial para a vida e saúde da população. Água poluída, retirada dos poços contaminados pela proximidade das fossas, significa doença e aumento dos índices de mortalidade infantil.

2.3 Quem se beneficia com a nova globalização?

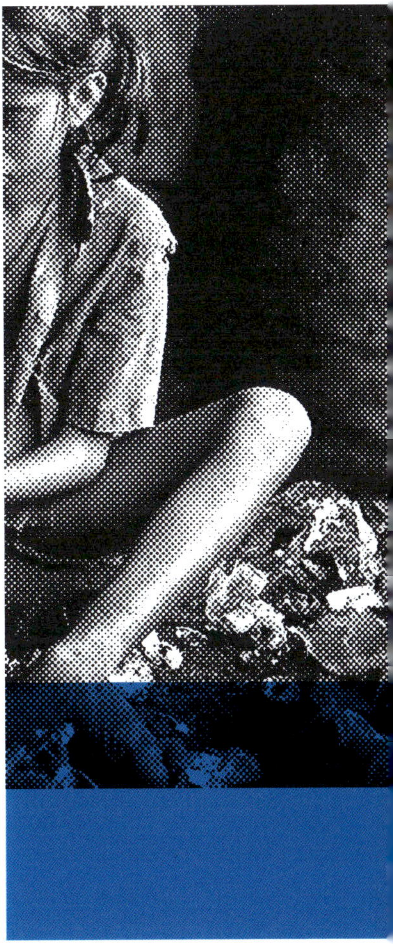

Será que as pessoas necessitadas estão sendo assistidas mais rápida e eficientemente? Ou os pobres encontram-se em situação ainda pior? Quem desfrutará do acesso ao emprego na nova hierarquia de mobilidade?

Abordando como a economia cria uma classe de proprietários ausentes, a globalização se manifesta com seus efeitos sobre a economia, a política, as estruturas sociais, e até sobre nossas percepções de tempo e espaço.

De uma forma instigante, acredito que a globalização tanto divide quanto une, abrindo esse espaço cada vez maior entre os que têm e os que não têm.

A "globalização" está na ordem do dia, uma palavra da moda que se transforma rapidamente numa tentativa de mostrar que há mais coisas do que se pode apreender; ao revelar as raízes e consequências sociais do processo globalizador, abordando dessa maneira, seus efeitos sobre a economia, a política, e as estruturas sociais.

O significado mais profundo transmitido pela ideia da globalização é a do caráter indeterminado, indisciplinado e de autopropulsão dos aspectos mundiais, considerando-se a ausência de um centro, de um painel de controle, de uma comissão diretora, de um gabinete administrativo. A globalização é a "nova desordem mundial", diz Jowiit com um outro nome.[13]

Max Weber definiu o Estado como o agente que reivindica o monopólio dos meios de coerção e do uso dele em seu território soberano.

A integração e a divisão, a globalização e a territorialização são processos mutuamente complementares. Mais precisamente são duas faces do mesmo processo.

A globalização deu maiores oportunidades aos extremamente ricos de ganhar dinheiro mais rápido. Esses indivíduos utilizam a mais recente tecnologia para movimentar somas de dinheiro mundo afora com extrema rapidez e espetáculos com eficiência cada vez maior.

Infelizmente, a tecnologia não causa impacto nas vidas dos pobres do mundo. De fato, a globalização é um paradoxo: é muito benéfica para poucos, mas deixa de fora ou marginaliza dois terços da população mundial.

Os pobres do mundo, quer sejam velhos ou novos, hereditários ou feitos da computação, dificilmente reconheceriam sua angustiosa situação nessa ficção folclórica. Os antigos ricos precisavam dos pobres para fazê-los e mantê-los ricos. Essa dependência gerou em todas as épocas conflitos de interesses.

• • • •

13 BAUMAN, Zygmunt, citando a JOWITT, Kenneth, "A Nova Desordem Mundial", em op. cit, p.67

A mentira da promessa do livre-comércio é bem encoberta; pela conexão entre a crescente miséria e o desespero dos muitos "imobilizados". Parece, ao contrário, que os dois fenômenos pertencem a mundos diferentes, cada um com suas próprias causas, marcadamente diversas.

Jamais se suspeitaria, pelos informes, de que o rápido enriquecimento e o rápido empobrecimento brotam da mesma raiz ou da imobilidade dos miseráveis, e são um resultado legítimo das pressões "globalizantes".

A mensagem subentendida é que os próprios pobres são responsáveis por seu destino. Segundo as notícias, os mesmos são editados de modo a reduzir o problema da pobreza e privação apenas à questão da fome. A verdadeira escala da pobreza é omitida (800 milhões de pessoas são permanentemente subnutridas, mas cerca de 4 bilhões – dois terços da população mundial – vivem na pobreza) e a tarefa a enfrentar é limitada a arranjar comida para os famintos.

Mas, como assinala Kapuscinski[14], essa apresentação do problema da pobreza (segundo exemplifica uma edição recente do *The Economist* que analisa a pobreza mundial sob o título "Como alimentar o mundo") degrada terrivelmente e praticamente nega a condição humana plena das pessoas que supostamente queremos ajudar.

O que a equação "pobreza = fome" esconde são muitos outros aspectos complexos da pobreza – horríveis condições de vida e moradia, doenças, analfabetismo, agressões, famílias destruídas, enfraquecimento dos laços sociais, ausência de futuro e de produtividade – aflições que não podem ser curadas com biscoitos superprotéicos e leite em pó. Kapuscinski lembra que perambulando por vilas e

••••

14 BAUMAN, Zygmunt, op. cit, p.81

aldeias africanas, encontrando crianças "que imploravam não pão, água, chocolate ou brinquedos, mas uma esferográfica, pois iam à escola e não tinham com o que escrever as lições"[15].

A mídia com toda a representação das horrendas imagens da fome, isto é, com as causas globais da pobreza local, cuidadosamente evita estas imagens.

No mundo em que as pessoas não são mostradas pela mídia, pela TV, mas morrem de fome e de sofrimento, as riquezas são globais, a miséria é local – mas não há ligação causal entre elas, pelo menos não no espetáculo dos bem-alimentadoss e dos que não se alimentam.

É uma imagem sintética da brutalidade que vai se sedimentando na consciência pública – de uma imagem de "ruas sórdidas", versão alimentada de uma terra de bandidos, um mundo estranho subumano para além da ética, que parece não ter salvação.

O desejo dos famintos de ir para onde a comida é abundante é o que naturalmente se esperaria de seres humanos racionais. É por sua inegável racionalidade e correção ética que o mundo racional e consciente se sente tão desanimado ante a perspectiva da migração em massa dos pobres famintos.

É tão difícil negar aos pobres e famintos, sem se sentir culpado, o direto de ir aonde há abundância de comida; e é virtualmente impossível propor argumentos racionais convincentes provando que a migração seria para eles uma decisão irracional.

O desafio é realmente espantoso: negar aos outros o mesmíssimo direito de liberdade de movimento que se elogia com a máxima realização do mundo globalizante e a garantia de sua crescente propriedade...

As imagens de desumanidade que dominam as terras onde vivem possíveis migrantes vêm portanto a calhar. Elas reforçam a

• • • •

15 Idem, p.81

determinação que não dispõe de argumentos éticos e racionais a apoiá-la. Ajudam os habitantes locais a permanecerem locais, ao mesmo tempo que permitem aos globais viajar com a consciência limpa.

"Os pobres não habitam uma cultura separada dos ricos", assinala Seabook[16]; "eles têm que viver no mesmo mundo idealizado em benefício dos que têm dinheiro. E sua pobreza é agravada pelo crescimento econômico, assim como é intensificada pela recessão e o não crescimento".

Com efeito, recessão significa mais pobreza e menos recursos; mas o crescimento leva a uma exibição ainda mais frenética de maravilhas de consumo e assim permaneceria um abismo ainda maior entre o desejado e o real.

Como é que essa vastidão inculta pelo homem (não a terra inculta "natural") que a modernidade se dispõe a conquistar e domar, parafraseando a frase feliz de Anthony Giddens, uma "selva manufaturada", a terra inculta pós-domesticada que surgiu após a conquista, saltou à vista? E por que adquiriu esse formidável poder de obstinação e resistência que desde Durkheim é considerado o traço definido da "dura realidade"?

A globalização nada mais é que a extensão totalitária de sua lógica a todos os aspectos da vida. A pobreza não pode ser "curada", pois não é um sintoma da doença do capitalismo. Bem ao contrário: é evidência de sua saúde e robustez, do seu inepto para uma acumulação, e esforço sempre maiores. Mesmo os mais ricos do mundo se queixam sobretudo de todas as coisas de que se devem privar. Mesmo os mais privilegiados são compelidos a carregar dentro de si a urgência de lutar para adquirir.

• • • •

16 Seabrook, citado por BAUMAN, Zygmunt, op. cit, p.92

3

A saúde

A cada minuto, no Brasil, morre uma criança que não completou um ano de vida. É o que os médicos sanitaristas chamam de violência silenciosa.

Metade dessas mortes é consequência da falta de saneamento básico, a outra metade, das desnutrições. É uma das maiores taxas do mundo, e o problema foi levado por especialistas brasileiros à Organização de Alimentação e Agricultura (FAO), órgão ligado à organização das Nações Unidas.

A desnutrição infantil é um dos mais graves problemas de saúde no País. É no Nordeste que ela é mais grave, com 67% das crianças em estado de desnutrição. Em São Paulo, estado mais rico da nação, o problema também é sério. As crianças até 5 anos de idade eram desnutridas e não se sabe como está a situação atualmente já que a recessão piora as condições alimentares da população.

Os especialistas concluem, entretanto, que a mortalidade infantil aumenta na razão direta da queda do salário e, portanto, da alimentação muito pobre em calorias e proteínas.

Segundo os estudiosos no assunto, quase metade da população, consome, em média, quatrocentas calorias diárias, índice abaixo das necessidades mínimas que o organismo exige para desenvolver normalmente suas funções.

As altas taxas de mortalidade infantil no Brasil, devem-se à carência absoluta de saneamento básico e principalmente à desnutrição, que favorece a transmissão de doenças infecciosas, parasitárias, além das gastroenterites e infecções nas vias respiratórias, principais causas das mortes prematuras.

Há ainda, no Brasil, trinta milhões de infecções por tuberculose, quinze milhões por esquistossomose e oito milhões pelo mal de Chagas.

O sistema de saúde, no país, está também doente. Há quarenta milhões de brasileiros sem acesso a qualquer tipo de assistência médica e muitos milhões que não dispõem de tratamento odontológico. Em consequência, o Brasil é um país de banguelas. A população perde rapidamente os dentes, enquanto outros ficam com os dentes deteriorados. A situação já piora com a idade, e, por absoluto descuido, os brasileiros com mais de 50 anos já estão completamente desdentados.

Essa gente não pensa na crise, do nascimento até a morte sua vida é uma escuridão de fundo de poço. Para eles, a bolsa que conta é a bolsa vazia e a falta de sentido para tudo, com a dor de barriga sem comida e a alma sem esperança. O mal parece não ter conserto, corrige aqui, piora ali...

E nós que temos comida e saúde, fingimos que está tudo direito, que é assim mesmo, e que somos um país de primeiro mundo, que a economia está ótima... É isso aí...

A desigualdade sempre vai existir, haverá os menos talentosos, os mais inteligentes e os menos capazes. Enquanto isso, os políticos se interessam mais por cargos e poder, em vez de pelo povo que os elege.

Entre nós, seja onde for, é mais do que prudência, é questão de tentar sobreviver. O país não era a potência que é agora. Os movimentos contra a discriminação social ainda não promoviam o ódio racial e a politicagem ainda não fomentava o cinismo, e as falsas ideologias não estimulavam o rancor de classes, como fazem agora.

A insegurança nos assombra, com risco de sermos a próxima vítima de um assaltante, que drogado, não sabe o que faz com a arma na mão. Atira. É de ter medo, sim, essa realidade violenta que não dominamos. Estamos despreparados, de mãos nuas. A violência é cada vez mais gratuita, e as leis continuam benevolentes, inexistentes.

Multiplicam-se legalmente violência e insegurança. Haverá a probabilidade razoável de uma nova sociedade? Podemos ter esperança em ver um mundo menos desigual?

Tendo em vista o poder das empresas, a apatia e fragilidade de grandes segmentos da população, a incompetência dos líderes políticos em quase todos os países, o risco de guerra nuclear, os perigos ecológicos, para não falar em fenômenos como os de alteração climática que por si poderiam ensejar a fome generalizada em grandes áreas do globo, haveria uma oportunidade razoável de salvação?

Embora existam estes fatores que alimentam esperanças, as probabilidades de mudanças humana e social permanecem escassas. Nossa única esperança reside no atrativo vitalizante de uma nova visão. Propor esta ou aquela reforma que não muda o sistema é inútil a longo prazo, porque esta não leva consigo a força impulsora de uma motivação forte. A meta "utópica" é mais realista que o realismo dos líderes de hoje.

4

A educação

Para que as funções intelectuais sejam desenvolvidas, a educação tem de ser de qualidade para todos. Não adianta termos a melhor educação para as elites e um "fast-food" para a maior parte da população.

É um investimento a longo prazo. E as pessoas que mais precisam dela são aquelas que não podem consegui-la por seus próprios meios.

Custa caro porque é preciso reunir grupos pequenos de alunos e porque os professores têm de reciclar seus conhecimentos. Não podem continuar ensinando somente aquilo que aprenderam. Para isso, precisam de tempo livre para estudar e de outros professores que os substituam durante as suas ausências.

Isso ocupa uma parte importante do orçamento de qualquer país, mas, se a boa educação é cara, a má educação é ainda mais cara. A escola deve ser pública, ainda que algumas vezes possa ser mista, com o custo procedente de um fundo privado. Os professores deveriam ser mais valorizados, não apenas do ponto de vista salarial, mas também social.

Em programas de debate em rádio e em canais de TV, há sempre, entre os convidados, atores, cientistas, artistas, catedráticos das Universidades, mas nunca professores do ensino fundamental.[17]

• • • •

17 "A Educação do cidadão no Século XXI", Conferência com Dr. Fernando Savater, filósofo espanhol e professor da Universidade Complutense de Madrid, em Fronteiras do Pensamento, http://www.fronteiras.com/es/videos/fernando-savater-n-a-educacao-do-cidadao-no-seculo-xxi

No entanto, são eles que estão em contato com as crianças, observando a evolução delas. Com o surgimento da internet, do celulares, etc., ninguém os escuta. Na era digital, o papel dos professores transformou-se, mas não foi suprimido.

Hoje, eles são ainda mais necessários que anteriormente. Educava-se para informar-nos e, atualmente, as informações estão mais acessíveis.

Cabe aos professores desenvolver habilidades de pesquisa, orientação e informação. A internet pode ser um instrumento de informação, mas não educa, quem educa são pessoas. Porque só aprendemos a viver com seres humanos.

A precariedade do sistema educacional brasileiro demonstra a mais ostensiva de nossas dificuldades: a de distribuir a riqueza que a todos pertence.

O desprestígio da função do professor também reforça a entropia do sistema educacional brasileiro, pois reitera o paradigma da acomodação frente às dificuldades e aos questionamentos[18].

• • • •

18 KUPERMAN, Mario, *Fracasso de bilheteria: três ensaios sobre a circulação da cultura no Brasil*, "A educação na incultura", p.166.

5

Conflitos e fatores psicológicos

Estudos recentes demonstram que a diferença biológica entre homens e mulheres não é tão grande quanto se pensava ou quanto parece: em última análise, homens que valorizam mais a beleza física, em geral, são os menos interessantes, principalmente como parceiros de uma vida. Pois, além do mais, a beleza deslumbrante, quando usada como maior troféu, tende causar mais sofrimento quando o tempo inexoravelmente passa.

A sociedade nos leva a criar esses processos enigmáticos que nos leva a encarar a vida com grandes dificuldades, dúvidas, indecisões quanto a nós mesmos e ao mundo que nem sempre nos acolhe com bondade. Velhice é apenas outra fase.

Nenhum artifício, por mais hábil que seja, substitui uma mente arejada, a alegria de viver e o prazer das coisas.

"Agradeço pelos momentos bons, que foram muitos, porque com eles aprendi nos momentos difíceis, então agradeço igualmente por eles, por tudo, pela vida!" (disse uma amiga numa comemoração há muitos anos).

Para compensar a juventude que passou, bom é rir um pouco de si mesmo, e não considerar trágico o fato de ser hoje mais difícil conseguir calçar o sapato, levantar do sofá, e que a vista esteja cansada, e que nos seduzam menos a farra e a festa.

Podemos, sim, aprender a usar o computador, a nos comunicar pelo Whatsapp e por outros recursos, e a ser mais serenos e positivos. Pois enquanto o corpo encolhe, a mente e o coração podem continuar se expandindo.

Comunicação não é invasão, assim como amor não é controle. Comunicar-se bem nada tem a ver com compartilhar tudo, nem mesmo o mais remoto pensamento e o mais secreto sonho, inclusive entre amantes. Vasculhar a alma do outro poder trazer decepções, não porque ele cometa pecados extraordinários, mas porque esperávamos encontrar ali a perfeição, e o outro se sentirá agredido.

Legiões de analfabetos, pobres, doentes, esquecidos e explorados apontam-nos o dedo a cada hora, a cada dia. Moradores de rua, crianças moribundas, drogados embaixo de pontes, prisioneiros apodrecendo em prisões, onde não botariamos nosso porco, velhos abandonados, doentes desassistidos, todos esperam uma atitude nossa.

Regras podem ser mudadas, governos trocados, sistemas substituídos, costumes renovados, amores reanimados, abrigos construídos e braços podem ser estendidos para ajudar, não para receber a droga na veia.

Sem nenhum sinal, às vezes sem uma palavra sequer, irrompe a violência, que pode ser física ou moral, como uma traição ou suicídio, e hoje veio a notícia que saiu de casa, desapareceu, virou morador de rua, e matou.

Alguns conflitos familiares são antigos, são eternos: o choque de gerações e de vontades, o desejo de controlar de um lado e a vontade de escapar de outro, o cansaço dos adultos tentando admisntrar as diferentes personalidades dos filhos e suas dificuldades pessoais.

Os jovens, por sua vez, querendo entender a sua própria natureza reagem, instintivamente, contra a intromissão de pais ansiosos e se angustiam na ambivalência entre desejo de autonomia e insegurança.

Nessa liberdade, já não sabem o que fazem filhos de 11 anos em festinhas sem o cuidado de adultos. Pré-adolescentes transam, curtem maconha e drogas pesadas, depois que o primeiro copo de bebida ou o primeiro cigarrinho abriram essa porta. Numa festa jovenzinhos bêbados ou drogados vomitam ou dormem no banheiro de um clube elegante ou danceteria.

Só acontece algo quando uma dessas crianças realmente passa mal e é preciso chamar a ambulância. Onde estavam os pais? Adolescentes e pré-adolescentes fazem racha na alta noite ou cambaleiam pelas calçadas ao amanhecer, jogando garrafas em carros que passam, insultando transeuntes. Mais uma vez, onde estão os pais?

Afastados de tudo isso porque "não fica bem" ficar vigiando tanto, porque os filhos e filhas vão ficar indignados, ou porque todo mundo faz assim? Sei de meninas parindo sozinhas no banheiro e ninguém em casa sabia que estavam grávidas. Elas simplesmente não existiam, a não ser como motivo de consternação.

Como não saber o que se passa com eles? Por tudo isso somos responsáveis, ter filho é ter responsabilidade. Quem ama cuida. Quem ama se informa e se interessa. A cada bebê que nasce não é dificil distinguir qual será uma criança mais inclinada às alegrias e ao prazer, e qual será mais zangado, mais obstinado, talvez mais vitorioso, mas de vida dificil. Genética, psiquismo, não importa como queiram definir.

É uma realidade: nascemos com ela, que vai nos marcar pelo resto da vida. Tudo deve ser administrado com talento e inteligência. Por mais que se façam campanha em favor das crianças, ainda falta distribuir milhões de adesivos por todos os continentes dizendo: "salve a infância do mundo".

Um adolescente causador de ansiedade é um novo ser humano, fio de muitas linhagens, de muita genética, de muita emoção com profundas marcas psíquicas. Ele necessita das mínimas coisas, desde o alimento e higiene até proteção, ternura, ensinamentos básicos a fim de prepará-lo para a vida. Que consciência temos disso, ou que controle temos sobre nossas neuroses e emoções?

Não sabemos, não temos certeza, o estranho é que embora milhões de crianças sejam a toda hora paridas neste grande mundo, talvez todos precisássemos de uma terapia para fundar com alguma chance de sucesso o complicado o grupo chamado família.

O equilíbrio entre duas posturas é, como sempre, ideal e difícil: pais nem aflitos demais, transmitindo insegurança, nem totalmente alienados, dando a impressão de desinteresse. A intuição, melhor que qualquer coisa, pode nos ajudar a encontrar o meio-termo mais positivo.

Crianças não são desprovidas de sentimentos, ainda que as deixemos sem dar atenção, respeito e cuidado. Pais não conseguem matar simbolicamente os filhos, mas filhos eventualmente conseguem, eles deletam os pais e seguem em frente.

Disse certa vez um psiquiatra de família, tenho minhas dúvidas quanto à segunda parte dessa frase. Filhos podem ignorar, deletar e até maltratar os pais. Porém creio que isso lhe seja duramente cobrado pela emoção, pela razão, ainda que seja anos mais tarde. Pois precisamos de pai e mãe até quando adultos, com eles somos mais completos, e para isso não há idade.

Alguns psicólogos e educadores podem censurar, limitar e punir; seria traumatizar, inibir filhos e alunos. Tudo passaria a ser permitido, achamos graça nas piores malcriações, como se fossem sinal de inteligência ou de "personalidade forte".

Personalidade forte na verdade é sinônimo de "mal-educado", grosseiro, e que os pais não conseguem lidar com eles. Resultado: crianças insuportáveis, pais confusos, professores atônitos. Sem limites em casa e na escola, num Estado ou país que perde o controle em relação à criminalidade, essa justiça raramente pune culpados, como quando criminosos entram na prisão e saem em poucas semanas ou meses para reincidir, a ideia de autoridade passou a ser negativa, e assim caminhamos para a selvageria instaurada.

Não vejo por enquanto uma mudança positiva nessa situação que se alastrou. Ao contrário: educadores com grande vontade, mas cabeças confusas (nem todos, nem a maioria), pregam que não se pode mais "reprovar" um aluno por pior que seja o seu desempenho. Ele apenas fica retido na mesma série. Inseguros e desorientados temos medo de agir, esquecemos o bom senso, temos medo, na verdade, dos alunos e dos seus pais. Porém pela imposição das novas regras ou da supressão delas, pais já não conseguem resolver a malcriação dos pequenos e a insolência dos maiores. Crianças xingam os adultos, chutam as babás, as psicólogas e até o pediatra.

Adolescentes chegam de tromba junto ao carro em que aguardam pai ou mãe. Entram sem olhar aquele que por sua vez nem vira o rosto para ele. Cumprimento, sorriso, beijo? Nem pensar! Como será esse convívio na intimidade? Como funciona a comuniação entre pais e filhos?

Crescer é também contestar! Mas, se não temos limites, contestar perde o sentido e deixa de ser estimulante para qualquer argumentação. Instaura-se desinteresse, tédio, melancolia e angústia. Cedo, precisam recorrer às drogas para ver se tudo adquire uma nova luz, uma cor mais intensa, se afinal alguma coisa ainda tem graça nesse mundo.

Pais exaustos desistem de enfrentar os novos modelos para ter sossego ou por não saberem como agir. Concordam com tudo: é a sensação de um medo amorfo, indefinido, gerador de insegurança, prolongando-se juventude afora.

A falta de limite e o desinteresse geram agressividade, como reação ao desamparo. A falta de uma ordem amorosa produz isolamento.

Permitir tudo, dar tudo, impede que se cultivem afetos, estimulando a inquietação e o abandono.

É possível mudar as regras deste jogo. Com carinho e respeito, de parte à parte, pais e professores, sem medo de exercer sua necessária autoridade, dão segurança para construir alguma trajetória numa sociedade cada vez mais complexa.

Ao contrario, malcuidados e mal-ensinados, os jovens vão abrir caminho a cotoveladas e pontapés. Os professores precisariam ser otimamente treinados e recompensados para poderem atender o que não é do seu sangue.

No entanto, o ensino merece desinteresse dos governos, os incentivos em forma de salários são péssimos e parte do magistério está mais interessada em ideologia do que no desempenho da escola e no bem dos alunos.

Os menos privilegiados, que trabalham, dão duro, e vivem no limite da pobreza ou da miséria batalham pela vida diária, mal têm tempo e condições para olhar de longe a correria dos que aparentemente se divertem. Outros sentem medo de viver, de amar, de ficar sozinho, de conseguir trabalho e de perder o emprego, de subir no cargo e de ser demitido, enfim, o medo, como a dor, faz parte.

Jovens podem chegar à beira do suicídio, pedófilos seduzem crianças inocentes, é uma lavagem subliminar cerebral que nos transforma segundo comandos da mídia e da propaganda e todos mais que houver.

Como cidadã, vejo bem na nossa pele de espécie pensante a fome de casa, saúde e educação e, não menos importante, a fome de conhecimento, que fundamenta nossas decisões. Fome de confiança, essa não dá para esquecer!

Podemos desconfiar dos pais, do guarda, das autoridades e até do país. Raramente acreditamos em uma política boa e ética que poderia mudar o quadro, nessa fase em que ter um filho com ambições de carreiras politicas é quase motivo de tristeza.

Essa gente não pensa em crise. Do nascimento até a morte, sua vida é uma escuridão de fundo de poço. Para eles a bolsa que conta é a bolsa vazia e a falta de sentido para tudo, com a dor da barriga sem comida, e a da alma sem esperança, como já foi dito anteriormente.

O mal parece não ter conserto: corrige aqui, piora ali. E nós, que lemos livros e jornais, que temos comida e sáude, fingimos que está tudo certo, que, assim mesmo, somos um país de Primeiro Mundo, que a economia está ótima, o petróleo abundante e agora temos o Pré-Sal, e a Amazônia resiste e nós estamos vivos....

É isso aí... A desigualdade ainda vai existir, haverá os menos talentosos, os mais inteligentes e os menos capazes. Não acredito em justiça, enquanto políticos se interessarem mais por cargos e poder, em vez de pelo povo que os elegeu.

Entre nós, o medo da violência, seja aonde for, é mais do que prudência e frustração de tentar sobreviver. Quem pode investe em proteção particular cara e às vezes duvidosa. Entre outras razões, o narco-tráfico não era a potência que é agora. Os movimentos contra a discriminação racial ainda não promoviam o ódio racial e a politicagem ainda não fomentava o cinismo. As falsas ideologias não estimulavam o rancor de classe, como fazem agora. Bandos de jovens desempregados, drogados e bandidos, não vagavam por nossas ruas.

Crianças pedintes não rolavam em nossas esquinas, a meninada brincava na calçada e as casas não tinham cercas. Hoje temos edifícios e condomínios fechados (dos luxuosos aos mais simples), com guarda nas cabines e a bandidagem rondando, hoje temos gente com carros blindados, motoristas que fizeram curso em direção defensiva.

Nós, que não temos dinheiro para esses reversos, andamos mais do que inquietos. O banditismo floresceu, entre muitos outros fatores, por falta de autoridade e ordem. Seria preciso conseguir, com máxima urgência, leis atualizadas e firmes, incluindo a responsabilidade por crimes cometidos por malfeitores de 16 anos, frequentemente verdadeiros monstros morais. E que não lhes fosse permitido, não importa a idade, saírem tão depressa das prisões, já que a quase totalidade volta a cometer seus crimes, e um dos meus ou dos seus filhos pode ser a próxima vítima.

Tanto o ladrão de tênis quanto o violador de meninas, o rapaz drogado (ou não) que, para roubar 20 reais ou o celular, mata uma jovem grávida ou um estudante mal saído da adolescência, se for apanhado receberá uma punição que nada tem a ver com seus atos hediondos.

O mal está latente esperando para explodir, não creio que como sociedade estejamos preparados, ninguém me diga que o menino de 15 anos que estupra e mata precisa apenas ser reeducado.

Enquanto isso, em nossas casas, ruas, jardins, a insegurança nos assombra com risco de sermos vitimados pelo assaltante, que já não sabe o que faz com a arma que tem na mão. É de ter medo, sim, dessa realidade violenta que não dominamos. Estamos despreparados e de mãos nuas, a violência é cada vez mais gratuita, as leis continuam benevolentes, inexistentes.

Soltam-se criminosos depois de poucas semanas ou meses cumprindo pena devido às leis e indutos absurdos. Quase todos voltam a infringir, mais estupros, mais assassinatos, multiplicam-se legalmente violência e insegurança.

Com essa cultura insensata, crimes pequenos levam a passar anos num desses lixões de gente chamado cadeia (sem se quer ter havido ainda julgamento e condenação). Enquanto bandidos perigosos entram por uma porta de cadeia e saem pela outra, ou gozam na cadeia de um conforto que nem avaliamos, em outros presídios criminosos comuns enlouquecem em condições sub-humanas.

Muito crime, pouco castigo, castigo excessivo obrando demais, leis antiquadas e insuficientes, e aqui estamos, cidadãos reféns dentro de casa e a bandidagem no controle. Fica assim constituída tal barbárie que aos poucos vai se agregando à consciência social como uma realidade repulsiva, um mundo "sub-humano" que parece não ter salvação.

Não há saída para melhorar o nível de vida, a segurança, a saúde e o resto, que constitui o respeito pelo cidadão, sem tentar mudar alguma coisa, por mínima que seja. Talvez seja também importante a vontade de melhorar, e nas próximas eleições tentar ler um jornal ou buscar a decência da vida pessoal e profissional, isto que hoje tem o belo apelido de "ética".

"A voz do coração será o caminho que poderemos trilhar na busca do que queremos".

5.1 Por que é difícil encarar um conflito?

O conflito está diretamente ligado aos desejos, à necessidade de entender o que queremos. Por vezes, é difícil lidar com eles e isso chega a acarretar uma certa paralisia ou estagnação diante da situação desejada. Ao longo de nossas vidas sempre nos deparamos com situações difíceis, embaraçosas, que nos pegam de surpresa, nos obrigam a decidir: surge aí um cenário de conflito.

Conflito é oposição de ideias e o entendo como um sentimento de ambivalência entre sonho e realidade, real e imaginário, desejado e factível, alegria e frustração, desespero e alívio. O que temos durante a nossa vida nos leva a confilitos e não devemos identificá-los somente como pontos negativos. Porém, é a divergência que leva à evolução humana e dela emergem ideias.

Os conflitos, em sua grande maioria, são regidos pela emoção, enquanto os problemas poderão nos induzir à razão, desafiando-nos na busca de soluções. Este sentimento poderá ser o combustível que falta para a compreensão da situação.

Historicamente, a formação da personalidade é um processo de ajustamento. Todos nós devemos atender a uma série de necessidades tanto internas quanto sociais, assim como imposições, limitações sociais, ambientais, físicas e pessoais.

Quais são as origens dos conflitos? Por que o conflito é tão enraizado no comportamento humano? Qual é a sua origem? Ele sempre fará parte da nossa história?

O conflito faz parte do comportamento humano desde o nascimento até a morte. Vivemos constantemente diante do dilema "desejo versus realização", "sonho versus realidade", como dizia Freud "instinto de vida e morte".

A cada momento da nossa vida somos bombardeados por inúmeros estímulos, exigências ambientais e necessidades, em que respostas incompatíveis competem entre si. O processo de desenvolvimento da personalidade é um processo de ajustamento. Frente a isso, levanto a hipótese da dificuldade de pessoas rígidas trabalharem em conjunto como principal fonte de conflito.

O psiquismo é responsável pelo nosso comportamento e é dividido em 3 partes:

- ID: lado do impulso, primitivo, irracional, busca de satisfação da nossa libido, desejo, aberto ao cenário de mudança. Defende a criação e a união dos opostos.
- EGO: Mantém o equilíbrio entre o ID e o SUPEREGO.
- SUPEREGO: Lados da censura e da moral.

Desde nosso nascimento, vivemos em um grupo social do qual recebemos influências e que defende o certo e o errado, o preto e o branco. Podemos, portanto perceber que o EGO está constantemente em conflito entre o ID e o SUPEREGO.

A nossa personalidade é dinâmica e resulta de duas forças antagônicas: ID e SUPEREGO.

Para Freud a personalidade humana é movida por tensão causada por conflito. O conflito será constante em nossa vida, até mesmo pela força do funcionamento psíquico. Sempre que encontrarmos a resposta que soluciona um conflito, novos surgirão. Eles surgem em momentos diferentes e às vezes em repetição de histórias. Observe na sua vida repetições de determinadas situações que o afligem.

A resolução dos conflitos está justamente na forma de ajustamento entre o desejo versus o que é permitido e o realizado: o bem versus o mal, o certo versus o errado.

Cada pessoa reage de forma diferente diante dos conflitos, há pessoas mais preparadas e outras nem tanto. Algumas pessoas são preparadas emocionalmente para enfrentar um conflito pessoal, social, e muitos não.

Os seres humanos demoram a vida inteira para perceber que a vida é uma transformação. O dia a dia nos consome de tal forma que deixamos a vida passar. As mudanças começam pelo nosso interior, tudo começa com uma transformação interna, em que a palavra de ordem é "redescobrir".

Quantos vezes deixamos de fazer o que queremos em função de algo externo e com passar do tempo nos distanciamos de nós mesmos? Pense um pouco: quantos sentimentos, emoções e vontades foram abafados, escondidos pelo corre-corre do dia a dia, ou até mesmo para não provocar conflitos com quem está do nosso lado? Quantas vezes você deixou de chorar quando era isso o que queria?

O conflito está diariamente ligado aos desejos, entender o que queremos e por que está difícil conquistá-lo. Uma emoção ou sentimento mesmo inconsciente sempre nos remete a experiências já vividas, portanto os conflitos internos ficam armazenados no cérebro e, diante de várias situações, essa experiência é obtida desde a infância.

O psicanalista Gaiarsa, de grande renome, explica que é só nas situações de carga e descarga que a nossa vida vai ter cor e sentido. "Só nas situações de orgasmo, isto é, situações que envolvam a ansiedade da tensão e o prazer de chegar lá".[19]

Com isso ele quis dizer que o prazer nada mais é que passar de um estado para o outro, ou seja, de um estado de excitação para um de relaxamento. Partindo do pressuposto psicanalítico, estamos o tempo todo em busca do prazer e tentando a todo custo evitar os desprazeres, processo nada fácil, pois o meio externo sempre apresenta ao indivíduo condições desfavoráveis.

O conflito causa tensão quando transformado em problemas e sentindo-se desafiado na solução, após ser resolvido, gera prazer.[20]

• • • •

19 GAIARSA, Angelo. *O que é angústia*.

20 Idem

6

Violência

A verdade não é pouca, nem é pequena. A violência existe e compete a nós a transformação dos nossos problemas.

A vivência de uma situação violenta revela a nossa vulnerabilidade, confrontando-nos com a fragilidade das condições humanas. De sociedade para sociedade, de acordo com suas formas de organização é preciso retomar alguns elementos históricos que nos ajudem a entender o processo e nossa sensibilidade a respeito do assunto entre os homens, nas suas relações em sociedade.

As pessoas se relacionam de diferentes formas e em diferentes lugares. No nosso dia a dia, estamos tão envolvidos com a violência, que tentamos a acreditar que o mundo nunca foi tão violento como agora.

As primeiras Constituições estabeleceram valores e ideias que servem até hoje de inspiração para todos aqueles que anseiam por uma organização mais justa da vida coletiva, pois estabeleceram e ordenaram o poder do Estado, criando princípios capazes de atribuir-lhes poder e legitimidade para garantir os direitos fundamentais dos cidadãos.

Os direitos do homem que fazem parte dessa concepção de organização da sociedade moderna serviram de base para a formulação de outros direitos.

Uma ideia muito difundida atualmente é a associação da violência à pobreza. Justificando ou acusando, acredita-se que são as pessoas mais pobres que praticam os crimes, elas são as suspeitas em potencial. Esta associação muda a concepção de criminalidade e os mecanismos de criminalização presentes na sociedade.

Violência de grande dimensão, e muita gravidade. Como não ter medo? Cada um de nós ou de nossos amigos já foi atingido. A sensação cada vez maior de insegurança nos deixou desconfiados de qualquer desconhecido, já considerando um inimigo. A insegurança nos afasta dos vizinhos e nos deixa frequentemente desconfiados. Há muitos, mil assaltantes soltos pelas ruas. Não é mais possível ignorar estes fatos pela gravidade do problema, o que está afetando a vida de qualquer um.

A violência está estampada nas primeiras páginas dos jornais, e outros meios de comunicação. Os jornais do mundo inteiro não deixam de mostrar, também, o quadro de miséria que tomou conta de nossa paisagem. Há uma passividade da classe política e também das autoridades. Na rua é como se estivéssemos em uma guerra e o governo não vê.

Aprendemos a conviver com o medo. A criminalidade e os assaltos não mais visam preferencialmente aos bairros ricos. A miséria geral se distribui entre os ladrões, dentro de uma realidade que foi crescendo nos últimos anos.

Os assaltos a ônibus nos bairros mais pobres são resultado das passagens pagas pelos operários no transporte até os distantes bairros da periferia. Ocorre também a ameaça a passageiros, roubo das bolsas e sacolas, ameaça aos cobradores e um risco de morte aos próprios assaltantes.

Além das emoções a que todos estamos sujeitos, nossa ética de vida, crenças e valores, é traduzida pelos direitos e pelos deveres de cada um.

O problema é muito difícil de ser resolvido. Abrindo a porta, na primeira caminhada pela rua, do ponto de ônibus ao trabalho, no trajeto de carro, a ameaça nos assusta desde o primeiro semáforo até a garagem de casa.

Na verdade a violência não tem como única causa a pobreza e a miséria, mas com toda certeza depende muito desta situação.

Houve um desastre econômico brasileiro que dividiu o país ao meio: os que nada possuem e os que possuem muito pouco. Esta ameaça contra os que possuem quase nada é que transforma todo cidadão em vítima potencial, e é o motivo principal de preocupação do morador da grande cidade.

Já houve pesquisas que mostraram que o povo tem muito medo de ser assaltado. Mas tem medo tanto dos ladrões como da polícia. Diante da impunidade do ladrão e do sentimento de insegurança, o povo por vezes prefere fazer com suas próprias mãos o linchamento de assaltantes e outros criminosos. Isto nos mostra o descrédito nas instituições e do sentimento de insegurança e medo (da impunidade). Na verdade, isto decorre da inoperância da polícia e do emperramento das máquinas judiciárias.

Também a migração dos habitantes nas grandes cidades para prédios de apartamento, na esperança ou ilusão de abandonar a insegurança das casas, o que transformou completamente a paisagem urbana. Quem permaneceu nos loteamentos dos bairros mais afastados cuidou de providenciar guaritas e guardas armados. Muitas ruas são fechadas por estes sistemas à noite, transformando essas paisagens públicas em acessos particulares dos moradores. Mas os portões eletrônicos dos edifícios, controlados por funcionários de portarias que constituem verdadeira fortaleza, já não impedem o acesso de assaltantes aos apartamentos. Vale tudo: do sequestro dos moradores, obrigados a abrir portas sob o cano de revólveres, até o controle de todo o prédio a partir da portaria. Ainda não satisfeita em contratar guardas de segurança nas variadas empresas que passaram a surgir nas capitais, a população passou a recorrer a cães ferozes para se proteger.

A insegurança e o medo invadem o espaço da própria moradia e das relações humanas. O sentimento de termos insegurança é difuso, generalizado e alimentado pela engrenagem alucinante que isola os indivíduos, enfraquecendo os laços do homem com a comunidade e fragmentando o ser humano. A ruptura de equilíbrio psicológico que a cidade provoca também produz desgraças domésticas entre mulheres e filhos espancados, cenas de violência que, quase sempre, não raro acabam nas delegacias e muitas vezes em crimes contra a própria família.

As mulheres têm sido, pelos dados estatísticos, as maiores vítimas de seus companheiros perturbados pelo descontrole emocional e, frequentemente, por graves desequilíbrios psíquicos.

O descrédito da população frente à polícia ou a vergonha de expor pequenas tragédias do cotidiano ao julgamento dos vizinhos, frequentemente cala as denúncias. O silêncio das vítimas, por sua vez, aumenta a impunidade, impede a possibilidade de resolução do problema, criando-se o círculo vicioso do desrespeito aos mais elementares direitos do ser humano. Isto ocorre frequentemente nos casos de estupro, raramente denunciados à polícia, porque suas vítimas temem ficar expostas aos preconceitos nas delegacias.

A possibilidade de reparar injustiças, em nossa sociedade, é vista com muita descrença por parte da população local e explica, em parte, o temor e a insegurança da população, ou seja, de toda a sociedade.

O grau de violência nas grandes cidades não é fenômeno exclusivo de São Paulo e Rio de Janeiro, ou seja, fenômeno exclusivo de grandes metrópoles. A violência foi gerada pelo crescimento descontrolado das cidades, avançando também para o campo. As estruturas sociais agrárias se descompuseram, e a população emigrou para os centros urbanos criando a força de trabalho essencial à industrialização. A indústria desenvolveu novas possibilidades de emprego e criou serviços. Onde havia meio de transporte e matéria-prima para gerar produto, a indústria colonizou, destruiu o meio agrário e provocou a urbanização. Hoje a paisagem urbana é determinada pela indústria. O espaço se organiza em função de um mercado sobre o qual não se estabelece qualquer controle social, ou seja, os indivíduos não controlam mais esse processo. A lógica é a do capital. O processo de industrialização existe em função da produção que deve ser cumulativa, para gerar o lucro do capitalismo.

Ao penetrar nas sociedades não industrializadas, o capitalismo foi progressivamente destruindo as formas antigas de produção, como a economia de subsistência. As novas condições econômicas acabaram com o sistema tradicional de propriedade da terra, segundo o qual gerações inteiras se sucediam retirando do plantio a sobrevivência.

No Brasil a entrada do capitalismo promove um agravante, as classes dominantes passaram a optar pelas colonizações através dos latifúndios. Desta forma houve não somente a cessação gratuita ou o barateamento do preço da terra destinada à grande propriedade agrária, impedindo a formação da pequena propriedade, como também o barateamento da mão-de-obra.

O sistema latifundiário implicava a propriedade que era formada por grandes extensões de terra, extensiva também ao gado.A terra passou a ser fator de lucro, antes de servir como fonte de alimento. A mão-de-obra neste sistema tornou-se, numa grande parcela, desocupada. Ela forma o que Karl Marx chamava de "superpopulação relativa".[21]

Em sua obra *O Capital* (cujo primeiro volume foi publicado em 1867, oito anos depois de publicar o livro *Contribuição à crítica da economia política*), aprofunda os estudos sobre a origem do capitalismo: para Marx, a expressão superpopulações relativas ou exército de reservas do trabalho significa, em resumo, o seguinte: à medida que a acumulação capitalista se desenvolve, cresce a necessidade

• • • •

21 MARX Karl, *O capital: crítica da economia política*, Bertrand Brasil, 1989, livro 1, v. II

de aperfeiçoar técnicas de produção para que o capitalismo possa enfrentar seus concorrentes e aumentar seus lucros. Na composição do capital, a parte correspondente aos salários pode ser chamada de "capital variável", tornando cada vez menor a necessidade de procura de mão-de-obra. Mas a classe trabalhadora cresce em decorrência do aumento da própria população. Esse grupo que permanece fora do mercado de trabalho torna-se "excedente". É ele que Marx denomina "superpopulação relativa" ou "exército de reserva do trabalho". Essa massa de trabalhadores incluídos aumenta ou diminui de acordo com as fases de expansão ou retração da economia.

A América Latina teve um elevado crescimento urbano provocado pela migração do homem do campo, devido ao processo de industrialização em pleno curso. Ao sair de um meio onde os laços de toda a comunidade são relativamente mais fortes e estáveis, a população rural encontra nas grandes cidades um meio hostil, que fragmenta as relações sociais, isola o indivíduo da comunidade e de si mesmo. A grande massa de indivíduos vai se dividir em estágios sociais diferentes e sofrer intensa pressão do meio não apenas para sobreviver, mas para participar dos bens produzidos pela sociedade.

O resultado é a selvageria individual, a agressividade. Nem todos poderão ter acesso a esses bens, também não conseguirão escalar os degraus sociais e econômicos para alcançá-los. A distribuição desigual da riqueza e a divisão injusta de oportunidades de acesso a ela vão provocar forte desorganização da personalidade, fato que, para o sociólogo Manoel Castells, um dos maiores especialistas na questão urbana, poderá explicar a progressão do crime, do suicídio, da corrupção, da loucura, enfim, nas grandes metrópoles.[22]

• • • •

22 PIRES, Cecília. *A violência no Brasil.* São Paulo: Coleção Polêmica; Ed. Moderna, 1997, p.17

6.1 O que ele tem que eu não tenho ainda?

Em geral, temos pouca informação e sentimos medo da maldade humana, da precariedade das instituições, do nosso decorrente desamparo. O perigo é deixar de buscar, neste lugar, neste momento, neste meu reduzido espaço, alguma coisa melhor.

A síndrome do "ter de" é manifestação típica do nosso tempo, da força do espírito que nos condiciona a seguir os outros. Tenho que ambicionar esse status, esse modo de viver, ou serei diferente e estarei de fora.

Temos agora muito mais opções do que alguns anos atrás, as possibilidades que se abrem são incríveis, mas escolher é difícil: temos de realizar tantas coisas, são tantos compromissos, que nos falta o tempo para uma decisão sensata ou um prazer saboreado.

"A gente tem que rir dos outros, a gente tem que aproveitar o mais que puder", os pais falam para os filhos: "case tarde, aproveite a vida antes!" O que significa isso? A gente tem que beber em preparação para a balada, beijar o maior número possível de bocas a cada noite. A propaganda nos atordoa: "temos que ser grandes bebedores daquela marca de bebida, comprar o carro mais incrível, fazer a viagem maravilhosa, ter a pele perfeita, mostrar os músculos mais fortes, usar o mais moderno celular, ir ao resort mais sofisticado". Até no luto temos de assumir novas posturas, sofrer vai ficando fora de moda.

Contrariando a mais elementar psicologia, mal perdemos uma pessoa amada, todos nos instigam a passar por cima. "Não chore, reaja", é o que ouvimos. "Limpe a mesa dele, tire tudo do armário dele, as roupas de cama, mude de casa".

Saímos do velório e as pessoas esperam que se vá depressa pegar a maquiagem, correr para a academia, tomar antidepressivo, pois os outros não aguentam mais, quem quer saber da minha dor?

O "ter de" nos faz correr por aí, mas talvez a gente só quisesse ser um pouco mais tranquila, mais amada, com algum tempo para curtir as coisas pequenas e refletir. Porém, temos de estar à frente ainda que seja na fila do SUS.

O medo do diferente e o medo do preconceito abrem feridas na alma. Porém nos ensinam que temos que ser iguais. Então, para não sermos diferentes, ou objetos de uma rejeição clara, fingimos uma igualdade impossível.

Dinheiro e educação não nos liberam dessa lavagem cerebral que a cultura nos incute, abraçados à qual giramos pela vida. Atormentar colegas na escola, perversidade do momento, nasce disso: o menino de óculos, o que não gosta de esportes, a menina gordinha, a mais feiosa, o que não nada no mesmo clube chic, o negro, o colega que não usa roupa de grife, o rapaz que prefere livros ou família à balada, enfim, uma lista enorme.

Ameaças e perseguições via internet já provocam suicídio entre adolescentes e séria depressão em crianças. A medicina e a moda incutem que estar acima do peso é feio. A obrigação de nos enquadramos no modelo aflige e frustra a grande maioria de nós. Nossa atitude em relação a certos preconceitos é contraproducente, como no preconceito racial, as leis que favorecem determinadas raças, por exemplo, estimulam ainda mais a diferença, o que ocorre na minha opinião, com cotas raciais para afrodescendentes em escolas e universidades.

Por que criar cotas para estudantes negros nas universidades e não para japoneses ou árabes? Culpabilizar uma raça e vitimizar a outra não ajuda a ninguém, promove o ódio racial, assim como palavras irracionais podem promover o ódio de classes.

Bolsas, cotas, todos esses privilégios deveriam ter em vista apenas a condição econômica: o aluno pobre, mas esforçado, merece todos os incentivos. Qualquer pessoa de situação de necessidade deve receber mais do que ajuda, oportunidade e estímulo que garantam a sua dignidade, porém, nada que estimule preconceito racial ou social.

Hoje, jovenzinhos e quase crianças sofrem uma tremenda pressão para se envolverem com atividades sexuais. Meninos, e sobretudo meninas, entre onze, doze anos, que não tenham tido nenhuma experiência mais íntima, como beijar na boca, são consideradas atrasadas e sem graça por parte da sua turma.

O que significa ser diferente? Desejo de mostrar algo diferente, ou de ser diferente? A sociedade convida incessantemente as pessoas a consumir e a se tornarem diferentes umas das outras pelo consumo, isto é, comprando um carro especial. Indo a uma praia especial, tendo um cartão de crédito especial etc.

O que significa ter poder e sucesso na nossa sociedade? Vale qualquer coisa? Vale qualquer caminho? No preparo para a vida adulta, além dos valores transmitidos pela família e pela escola, os jovens acabam recebendo muitas informações na rua. Mais do que em qualquer outra fase da vida, para o jovem a rua é o espaço privilegiado de contato com o mundo e com as experiências diferentes. A rua é o espaço onde o jovem confronta aquilo que aprende na escola e em casa (em família) com uma realidade social mais dupla, consolidando, então, seus próprios valores.

Principalmente para os jovens, o desejo de ser diferente se traduz, de certo modo, em viver o que acontece na rua e na cidade. É por meio dessa experiência que eles organizam suas ideias sobre o mundo e sobre como marcar a sua individualidade. Andar em grupo e ter roupas e comportamento visualmente ofensivos etc.podem ser estratégias que proporcionam a sensação "de ser alguém" e dominar pelo menos uma parte da cidade.

7

A essência – O sentido das coisas

Sempre procurei, tantas vezes em vão, encontrar o significado de tudo. Por exemplo, por que há pessoas boas e por que as pessoas boas fazem coisas más e vice-versa? Por que entre pessoas que se querem pode haver frieza e até maldade? E por quê...? Uma lista infindável, ainda mais para quem tem um pouco de imaginação. A cada momento reinventamos o mundo, reinventamos a nós mesmos, reinventamos nosso afeto para que seja tudo menos doloroso.

Escrevendo sobre a situação do Brasil nesse pequeno trabalho que deve aparecer em breve, observo ainda mais intensamente o que acontece, tanta coisa inaceitável, mas real. Assim reflito quase constantemente sobre todas as loucuras, baixezas e perigos, desalentos atuais, aqui e ali uma luzinha minúscula que logo bruxuleia. Vai se apagar para sempre?

Nada é para sempre. As coisas más, as fases ruins, também hão de passar. Mas no momento não sou otimista. Falsidade, mentiras, arzinho superior e palavras fantasiosas sobre questões fundamentais, apontar o dedo para o adversário, tudo é pior do que a dura verdade.

Assustam-me discursos com que neste momento democrático alguns negam ou diminuem a gravidade da situação, revelando-se o desvio de inacreditáveis fortunas que deveriam atender ao povo mais carente, a maior vítima desse desastre, um povo despossuído, sem as coisas essenciais que lhe tem sido negadas, não por uma fatalidade, mas por ganância de quem que já tinha uma boa fortuna e queria mais e mais.

Hoje os acusados reagem com ironia, ameaças, invenções. Mas fizeram de nós um dos piores países do mundo em quase tudo, sobretudo em educação e segurança. Ninguém assume sua responsabilidade, antes critica adversários ou países mais adiantados, como se fôssemos todos uns pobres crédulos.

Começamos a perceber o que se passa no nevoento território da política, que fragilizou a economia e é cenário de tão grave incompetência e irresponsabilidade. Na grande negociata nunca vista, quase todos tinham seu preço, não foi barato, pouco sobrou para o brasileiro que ignorava esse fato que atingiu seu bolso, sua esperança e suas possibilidades de uma vida decente.

A política influenciou e dominou nossa existência nos últimos anos, com gestão incompetente, péssimo planejamento, desorganização nas contas públicas, maquiagem do desastre que foi escondido de um povo mal-informado porque mal-escolarizado (não é por acaso que negligenciamos tanto a educação). A pátria mãe desvia o rosto; nós os filhos largados na floresta como num conto de fadas sinistro.

Os próprios investigadores admitem estar diante de tramas de dimensões e sofisticação nunca vistas. A paisagem brasileira está de pernas para o ar: nada faz muito sentido, tamanho escândalo. Para começar, os salários com que tentamos manter uma vida honrada são patéticos diante das cifras roubadas, apresentadas pelos competentes e corajosos investigadores.

Irresponsabilidade e incompetência comandaram as façanhas que esfacelaram o país, agora rebatizados de "malfeitos". Espantoso: os desvios não eram efetuados por bandidos oficiais, mas por grandes empresários que admitem, talvez pelo medo, que se não tivessem entrado no esquema de corrupção e pagado as irreais propinas, suas companhias teriam "ficado de fora" na roda dos mafiosos, prejudicando seus acionistas e trabalhadores. Quase todos afirmam com veemência que de nada sabiam: viviam em outro planeta. Não saber de nada passou a ser um triste refrão.

Os investigados, denunciados e presos continuaram protestando contra tamanha maldade, todos vítimas do lobo mau da justiça, seus defensores encerram uma comédia de delirantes explicações: roubalheira mascarada de comportamento legal, nos parâmetros da decência. Se essas ficções patéticas fizessem sentido, nunca teria havido tantos inocentes no mundo: as elites e os estrangeiros seriam os culpados. Essa farsa acabou! Não há desculpas perante uma nação ferida.

8

Sociologia

Na vida há decisões e comportamentos acertados que merecem reconhecimento e aplauso e proporcionam paz à consciência, enquanto outros despertam a repulsa e a reprovação das pessoas e deixam o coração intranquilo.

O que é visto como um bem por uns é interpretado como um mal por outros. É certo que permanecem contradições. O Brasil vive diversas crises ao mesmo tempo: política, econômica e social. A meu ver, esta situação de crise é resultado de uma longa e profunda crise moral.

Há tempos, vivemos uma ambiguidade ética na vida pública e privada e chegamos agora a um momento crucial, em que se faz a necessário rever algo na cultura que vamos edificando. Necessária é uma séria avaliação e uma tomada de consciência para uma nova atitude.

A presente geração tem a oportunidade de realizar uma mudança nos padrões de comportamento no que se refere à honestidade pública, à lisura na administração do bem comum e à sensibilidade em relação aos sofrimentos do próximo.

A crise econômica, misturado com a crise política e moral, acaba pesando mais duramente sobre as pessoas que já sofrem, e são deserdadas do bem comum. Os serviços públicos de saúde, educação, saneamento básico e segurança pública sofrem imediatamente as consequências negativas da crise econômica.

A perda do emprego acaba empurrando mais gente para a angústia, a pobreza e a miséria. É louvável acumular riqueza desonesta? Desviar dinheiro público para benefício privado? Isso não mexe nada na consciência? Dorme tranquilo quem se aprópria de bens que não lhe pertencem, que são do Estado, destinados a promover o bem comum? Consegue olhar para as filas de doentes, rostos sofridos nos consultórios dos SUS, sem sentir calafrios e dores na alma, quem se apropria de recursos públicos que deveriam atender aos terceiros da saúde da população?

Haverá talvez quem continue a achar que é bobo quem tem a ocasião e não aproveita. Será que essa lógica do jeitinho maneiro merece louvor e aprovações, mais que a administração honesta e concienciosa do bem alheio?

Parece que temos certa facilidade para chamar honesta uma ação desonesta. Os pequenos desvios morais abrem as portas à grande corrupção. Não seria hora de nos perguntarmos sobre o que é belo no agir humano e o que é reprovável? De chamar bem o que é bem e mal o que é mal? Ou se está corrompendo também o nosso senso moral?

A Sociologia, do latim societas, que significa sociedade, e do grego logos, que significa estudo, é frequentemente definida como o estudo científico da sociedade, ou seja, estudo das formas de convivência humana. Estuda, portanto, as leis que a regem, bem como as relações sociais e as formas como elas se associam levando em conta as interações sociais.

Seu objetivo é estudar ou pesquisar os fatos sociais e aumentar o conhecimento que se tem a respeito do ser humano, dentro de suas relações sociais. A sociologia ainda não está acabada, pois é uma ciência que está em formação tendo como prioridade os indivíduos, suas relações sociais, dentro do contexto da sociedade humana.

8.1 O surgimento da Sociologia

Durante a Idade Média, o saber estava ligado à religião, em decorrência do poderio da Igreja Católica. Com o Renascimento, os textos da antiguidade clássica foram retomados e se descobriu o prazer de conhecer o mundo sem temer os dogmas religiosos.

O Renascimento marcou o fim da idade medieval e o início do período moderno. As ideias do Renascimento eram completamente diferentes das medievais. Trata-se de um período histórico de regeneração, de reforma social e cultural, que apresentou ideias renovadoras e inspiradas na antiguidade clássica.

Foi um período em que o ser humano, após longo tempo mergulhado no obscurantismo medieval, ansiava pelo conhecimento científico e valorizava-se como tal. Por isso, nessa época, o Teocentrismo – Deus como centro de todas as coisas – foi deixado de lado em prol do antropocentrismo: o ser humano como centro de tudo. Assim, a primeira mudança proposta pelo Renascimento em relação ao pensamento medieval foi a passagem da visão teocêntrica para antropocêntrica.

Nesse período tomou forma o sistema intelectual dos humanistas, que se caracterizava pela superioridade dos ser humano sobre a natureza, já não aceitando plenamente o que a religião da Idade Média pregava. Os prazeres da vida e a posse de bens materiais foram redescobertos pela sociedade.

Os humanistas pregavam que o ser humano era portador de inúmeras habilidades que não puderam ser desenvolvidas durante o período medieval. Fizeram também a modificação de ensino, com a introdução de várias matérias, apoiando-se em obras dos gregos e romanos. Eram contrários aos textos aprovados pela Igreja Católica e criaram uma cultura inovadora, voltada para o ser humano.

O positivismo propagou-se em meados do século XIX e teve como principal pensador, mentor e sistematizador, Augusto Comte. O positivismo buscava o porquê das coisas por meio da razão humana. Foi através do pensamento positivista que os primeiros cientistas sociais se sentiram atraídos para o método da investigação. Augusto Comte denominou de física social as suas investigações sobre a sociedade, antes de aplicar o termo sociologia. A corrente social positivista procurava explicações na vida social, da mesma maneira que os cientistas tentavam explicar a vida natural.

Nesse sentido, a sociedade era um organismo composto de diferentes parte integradas, por isso mesmo o positivismo era também chamado de organicismo. Comte é o pai da sociologia, contudo, o francês Émile Durkheim realizou os estudos teóricos mais relevantes na área, os quais ajudaram a construir e delinear o campo da sociologia e elevá-la à categoria de disciplina científica, desmembrando-a da filosofia social.

No entanto, um dos autores que mais contribuiu para o desenvolvimento da sociologia foi o alemão Karl Marx (1818-1883). Marx elaborou uma teoria para explicar o motivo das transformações que ocorreram na sociedade. Para ele, o fator econômico determinava o desenvolvimento da sociedade, defendendo a ideia de que uma sociedade é capitalista pelo fato de ter propriedades privadas.

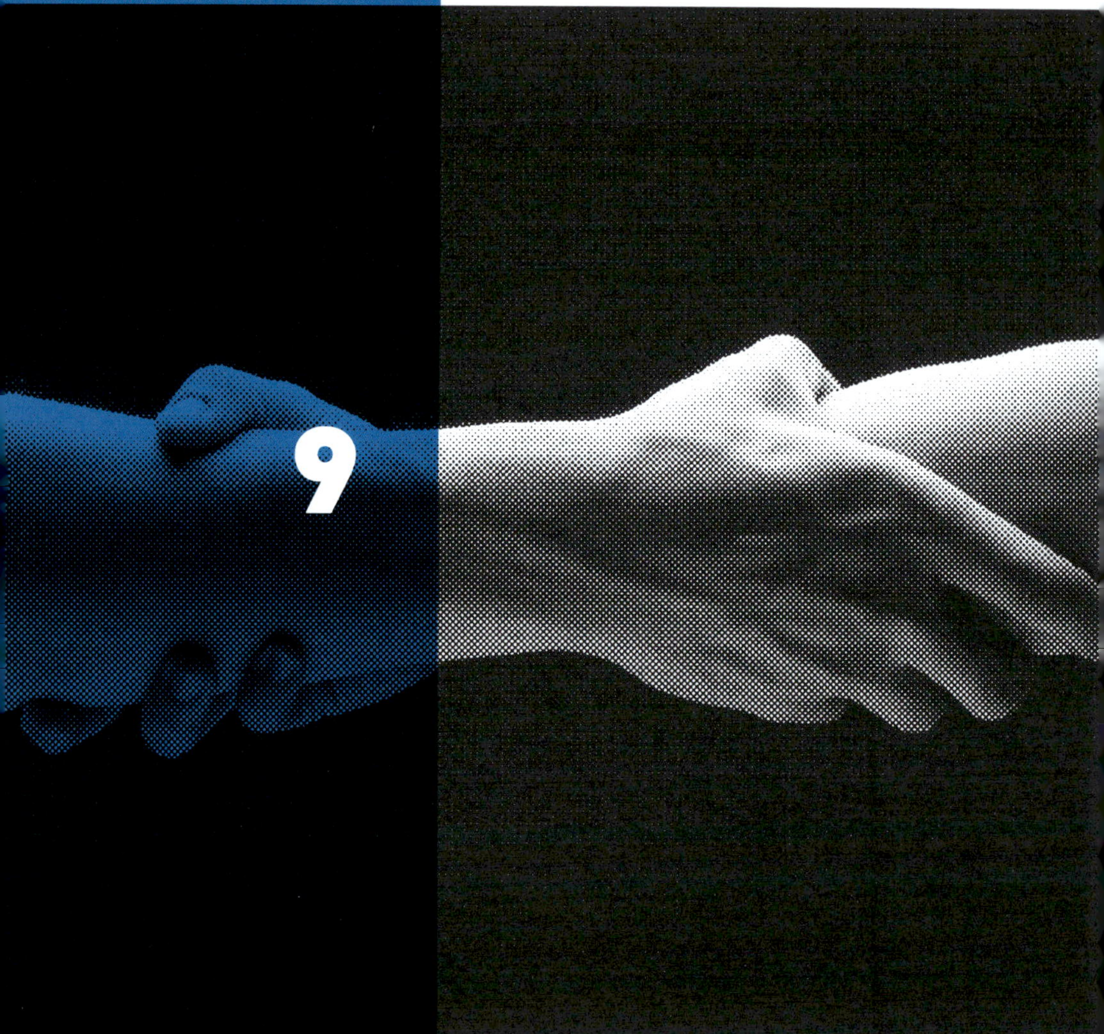
9

Existe condição de melhora nessa sociedade em que vivemos?

Haverá a probabilidade razoável, de uma Nova Sociedade? Podemos ter esperança em ver um mundo menos desigual? Tendo em vista o poder das empresas, a apatia e fragilidade de grandes segmentos da população, a incompetência dos líderes políticos em quase todos os países, o risco de guerra nuclear, os perigos ecológicos, para não falar em fenômenos como os de alteração climática que por si poderia ensejar a fome generalizada em grandes áreas do globo.

Haverá uma oportunidade razoável e salvação? Embora existam estes fatores que alimentam esperanças, as probabilidades de mudanças humana e social permanecem escassas.

Nossa única esperança reside no atrativo vitalizante de uma nova visão. Propor esta ou aquela reforma que não muda o sistema é inútil a longo prazo, porque esta não nos leva consigo a força impulsora de uma motivação forte. A meta "utópica" é mais realista que o realismo dos líderes de hoje.

Hoje, o apelo da macro sociedade dirige-se a todos que são empregados e cuja propriedade não está ameaçada, em outras palavras interessa à maioria da população e não meramente a uma minoria. Não lhes interessa tomar a propriedade de ninguém e, no que se refere à renda, elevaria o padrão de vida dos que são pobres.

Estamos à beira de uma era, de um mundo em que a vida humana avança impetuosamente para pôr novas formas em prática. A falsa separação entre homens e natureza, tempo e espaço, liberdade e segurança é reconhecida, e estamos diante de uma nova visão do homem de sua unidade orgânica e da história que oferecer uma riqueza e diversidade de qualidade e excelência de finalidade, até então sem precedentes. Perspectivas mundiais procuram encorajar os homens, em um renascimento de esperança quanto ao seu destino.

Anexos

Metodologia de pesquisa

Este trabalho é de caráter introdutório, mas abrangente, para alunos nas discussões em salas de aula, destacando-se as diversas correntes de opinião acerca de cada problema abordado.

Metodologia da pesquisa: observação pessoal (empírica), leitura de entrevistas, revistas médicas, amostragem, levantamento histórico e análise de dados.

Bibliografia

ATHIAS, Gabriela. *Mapa da violência de São Paulo*, UNESCO, 2005.

BAUMAN, Zygmunt, *Globalização e as consequências humanas*. Rio de Janeiro: Zahar.

FAUSTO, Boris. *Crime e cotidiano: a criminalidade em São Paulo* 1880–1924). São Paulo: Brasiliense, 1984.

GAIARSA, André. *O que é angústia?*. São Paulo: Brasiliense 1994. (Coleção Primeiros Passos)

GALTUNG, Johan. *Transcender e transformar: uma introdução aos trabalhos de conflito*. São Paulo: Palas Athena, 2006.

GAUDENCIO, Paulo. *Mudar e viver: como as mudanças podem beneficiar pessoas e empresas*. São Paulo: Gente 1999.

GIANETTI, Eduardo. *Felicidade*. São Paulo: Companhia de Letras, 2009.

JOWITT, Kenneth. *"A Nova Desordem Mundial"*.

KEPPE, Norberto R. Bíblia *Trilógica*. São Paulo: Próton, 2007.

KEPPE, Norberto, R. *O homem interno*. São Paulo: Próton, 2005.

KEATEN, Kathleen. *A terapia do abraço*. vol. 1-2. São Paulo: Pensamento, 1987.

KUPERMAN, Mario. *Fracasso de bilheteria: três ensaios sobre a circulação da cultura no Brasil*, "A educação na incultura"

LUNA FILHO, Bráulio. "Saúde e desigualdade socioeconômica", REVISTA SER MÉDICO, CREMESP, Edição 73 - Outubro/Novembro/Dezembro de 2015.

MARX Karl. *O capital: crítica da economia política*. Rio de Janeiro: Bertrand Brasil, 1989, livro 1, v. II

MICHOUD, Yves. *A violência*. São Paulo: Ática, 1989.

MORAES, Ana Maria. *Gestão de conflitos*. Nursing, 2012. Adaptado de Noronha, 2005/2006

PIKETTY, Thomas. *O capital no século XXI*. Rio de Janeiro: Intrínseca, 2014.

PIRES, Cecília. *A violência no Brasil*. São Paulo: Coleção Polêmica; Ed. Moderna, 1997.

SEYLER, Hans. Stress - Atenção de Vida - Ibrosa 1975.

SMITH, Adam. *A riqueza das nações* (1776).

SPENCER, Johnson. *Um minuto para mim*. Rio de Janeiro.: Record, 1987.

THERBORN, Göran. *La desigualdad mata*, Alianza, 2015.

WEBER, Max. *Conceitos básicos de sociologia*. 5. ed.. São Paulo: Centauro, 2008.

WISELFISZ, Júlio Jacobo. *Mapa da violência dos municípios brasileiros*. Brasília: OEI, 2008.

Artigos

Revista Vencer, Ano IX, nº 104

Artigo da Revista Médica Brasileira

REVISTA SER MÉDICO, CREMESP, Edição 74, 2016.

REVISTA SER MÉDICO, CREMESP, Edição 73, 2015

Informações de Reportagens

JIMÉNEZ , Juan Pablo e Martner, Ricardo, "Desigualdad, concentración del ingreso e incidencia de la política fiscal", IV LAC Tax Policy Forum, México DF, 3 y 4 de julio de 2014: https://www.oecd.org/tax/tax-global/Session-6-CEPAL.pdf

PDF do relatório original do Credit Suisse, em inglês: http://epoo.epimg.net/descargables/2015/10/14/81cef5bbe2878e321682f.7adf d25ec6.pdf. Matéria sobre o relatório na imprensa: http://brasil.elpais.com/brasil/2015/10/13/economia/ 1444760736_267255.html

http://www.infomoney.com.br/minhas-financas/consumo/noticia/ 4343245/ distribuicao-renda-mundial-esta-cada-vez-mais-desigual-aponta-credit

"A Educação do cidadão no Século XXI", Conferência com Dr. Fernando Savater, filósofo espanhol e professor da Universidade Complutense de Madrid, em Fronteiras do Pensamento, http://www.fronteiras.com/es/videos/fernando-savater-n-a-educacao-do-cidadao-no-seculo-xxi
http://www.pensador.info/frase/mtg4mym3/paulocoelho

1ª edição	janeiro de 2017
impressão	Forma Certa
papel de miolo	offset 150g
papel de capa	cartão supremo 350g
tipografia	Din e Din Slab